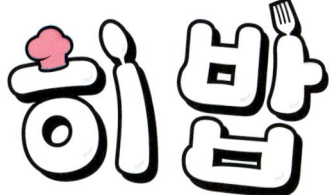

원작 히밥

엄청난 식사량과 먹는 속도를 자랑하는, 대한민국 최고의 먹방 전문 크리에이터입니다. 즐겁게 먹는 모습을 통해 구독자들에게 행복과 즐거움을 선사하는 먹방 유튜브 채널 〈히밥: 희재야 밥먹자〉를 운영 중이며, '매끼를 첫 끼처럼'이라는 좌우명을 갖고 있습니다.

글 윤상석

성균관대학교 생명과학과를 졸업하고 두산동아 편집부에서 근무하다 현재는 프리랜서 작가로 활동 중입니다. 주요 작품으로는 〈Why?〉 시리즈, 《겜브링 게임스쿨 1: 병원 탈출》, 《교양 꿀꺽: 남극과 북극에도 식물이 있을까?》, 《별별 과학 스타》 등이 있습니다.

그림 윤재홍

학습 만화 《우리 속담》으로 만화 작가를 시작했습니다. 주요 작품으로는 《뱅글뱅글 100 추리》와 〈마법천자문 사회원정대〉 시리즈, 〈WOW 세계 문화 역사지리 탐험대〉 시리즈, 〈LIVE 과학〉 시리즈 등이 있으며, 과학 잡지 《우등생 과학》에서 만화를 연재한 경험이 있습니다.

감수 라이스 컴퍼니

인터넷 방송 플랫폼에서 활동하는 크리에이터를 지원·관리하는 MCN(다중 채널 네트워크) 회사입니다. 대표 크리에이터로 히밥이 있으며, 유쾌하고 건강한 웃음을 전달할 수 있는 콘텐츠를 만들고자 노력하고 있습니다.

원작 히밥 글 윤상석 그림 윤재홍
감수 라이스 컴퍼니

① 아시아 음식

👤 등장인물

히밥
인기 먹방 크리에이터.
의문의 요리 대회에 초대받아
대용량 요리 대결을 펼친다.

멍멍이
강아지 분장을 한,
히밥의 꼬마 열렬 팬.
요리 실력이 뛰어나다.

야옹이
고양이 분장을 한,
히밥의 꼬마 열렬 팬.
미적 감각이 뛰어나다.

파프
요리 대회의 진행자.
화려한 말솜씨와 몸짓으로
분위기를 한껏 고조시킨다.

리카
요리 대회의 해설 위원.
세계적인 셰프 출신으로,
음식에 대한 지식이 풍부하다.

유해한
에스제이 마케팅 팀장.
히밥에게 솔깃한 제안을 하지만,
그 뒤엔 음모가 숨어 있다.

차례

프롤로그 ········ 12

1. 빅 푸드 트럭 월드 챌린지 ········ 21

2. 아시아 음식 축제 속으로! ········ 45

3. 히밥을 둘러싼 음모! ········ 67

4. 초대형 푸드 대격돌 ········ 93

5. 절대 탈락할 수 없어! ········ 127

사람들 손에 컵 떡볶이가 하나씩 있네.

오잉

냠냠~

쩝쩝~

자, 타임 세일 중입니다! 앞으로 한 시간 동안 절반 가격이에요!

껄 껄

뭔가 특별한 떡볶이를 파나?

맛있겠다. 나도 먹을래!

17

첫 번째 이야기

빅 푸드 트럭
월드 챌린지

※주의 만화적 설정이니 절대 따라 하지 마세요.

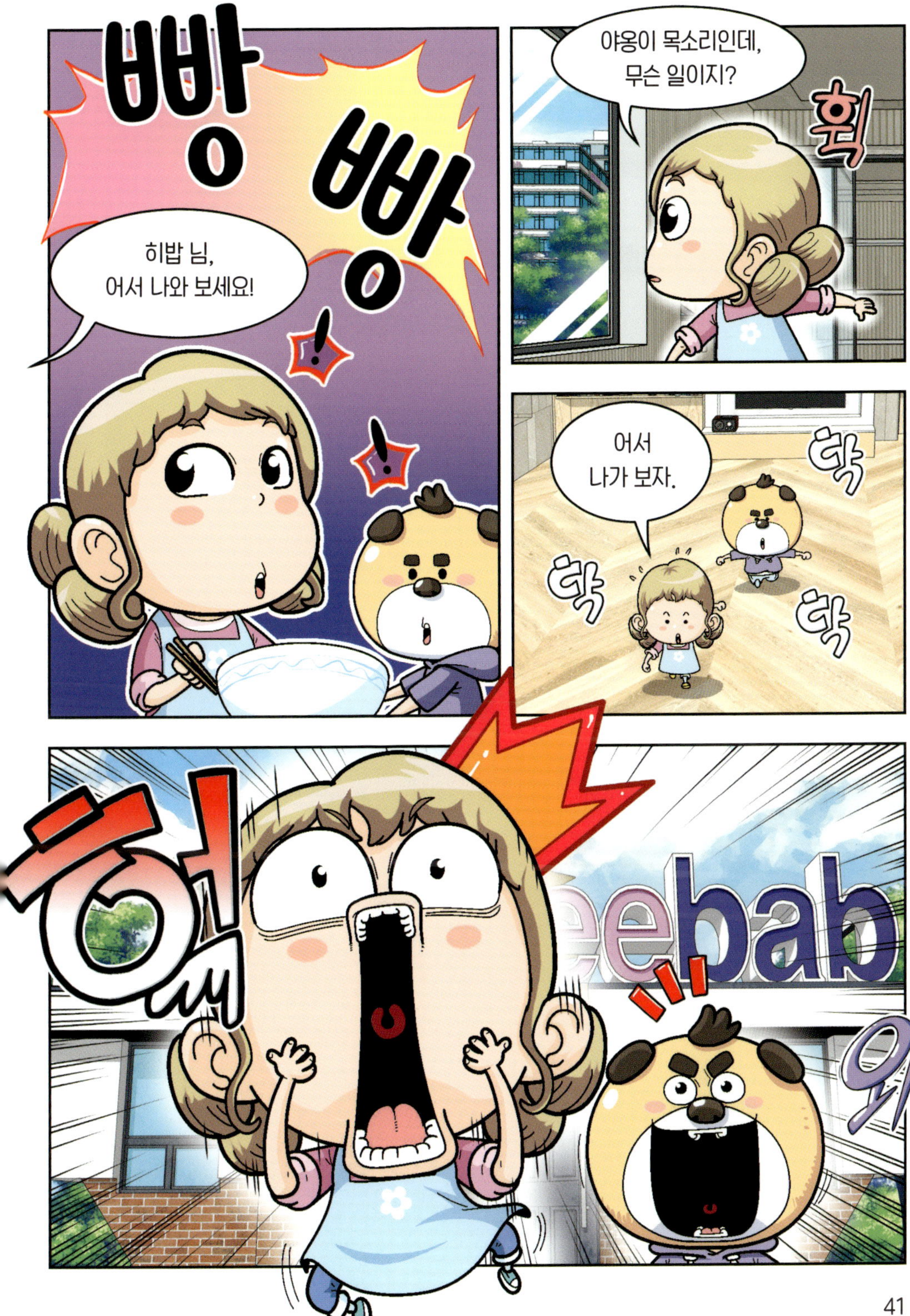

아시아 음식 축제 속으로!

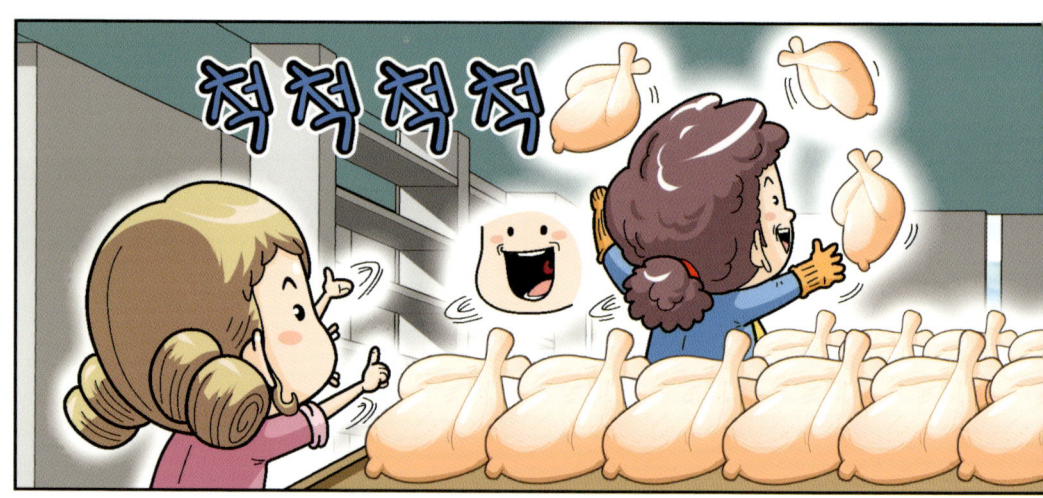

세 번째 이야기

히밥을 둘러싼 음모!

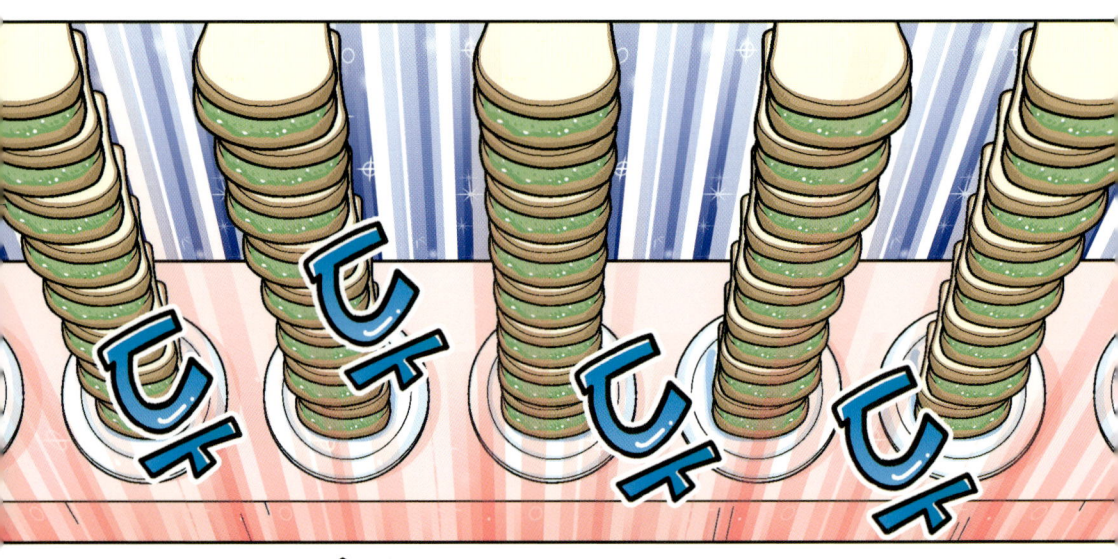

여러분~! 내로라하는 대식가 참가자들인데…,
그들의 먹방 대결을 먼저 보고 싶지 않으신가요?

그래서 준비했습니다. 이번 먹방 대결 순위에 따라 음식 주재료 선택권 순서가 정해집니다.

자~ 먹방 대결에서 1위를 차지한 훌라 참가자가 가장 먼저 부스 안으로 들어가고 있습니다.

다음 참가자 들어가 주세요!

히밥 님은 과연 어떤 음식 주재료를 얻게 될까?

글쎄….

이제 꼴찌인 히밥 참가자가 마지막 남은 카드를 가지러 부스 안으로 들어가고 있습니다!

이럴 수가!

네 번째 이야기

초대형 푸드 대격돌

저기는 호주에서 온 헤이든 참가자의 푸드 트럭인데요.

새우를 선택해 무슨 음식을 만들었는지, 저희도 얼른 가 보도록 하죠!

이건 도대체 무슨 음식 냄새인가요?

제가 만든 음식은 태국의 대표 요리인 똠얌꿍으로,

빅 푸드 트럭 월드 챌린지에 걸맞게 바꾸어 봤어요.

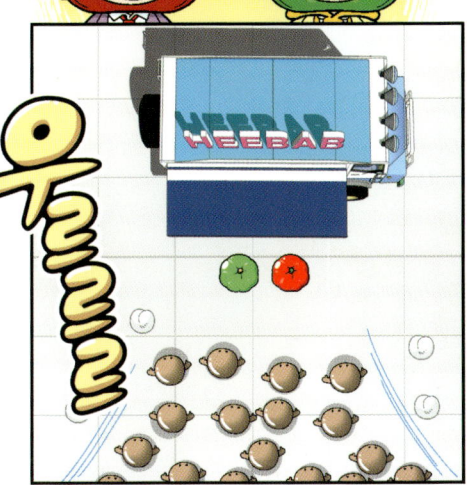

다섯 번째 이야기

절대 탈락할 수 없어!

요구르트와 향신료 조합이 끝내주는걸?

으음...

고급져~

거인 만두는 이미 2개나 먹었는데도 질리지가 않네. 다진 고기가 아주 부드러워.

아
웅

TINA

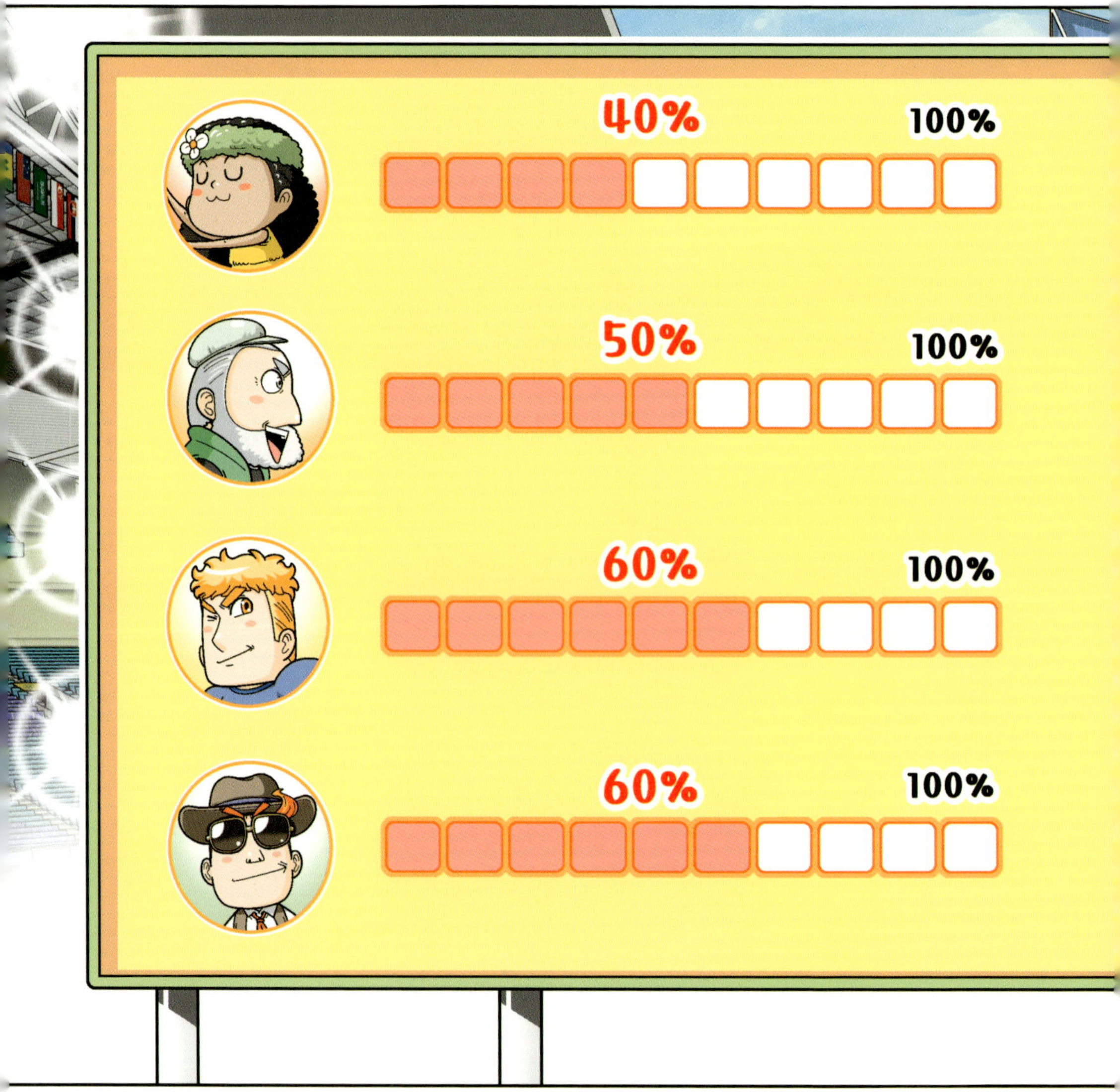

	40%	100%
	50%	100%
	60%	100%
	60%	100%

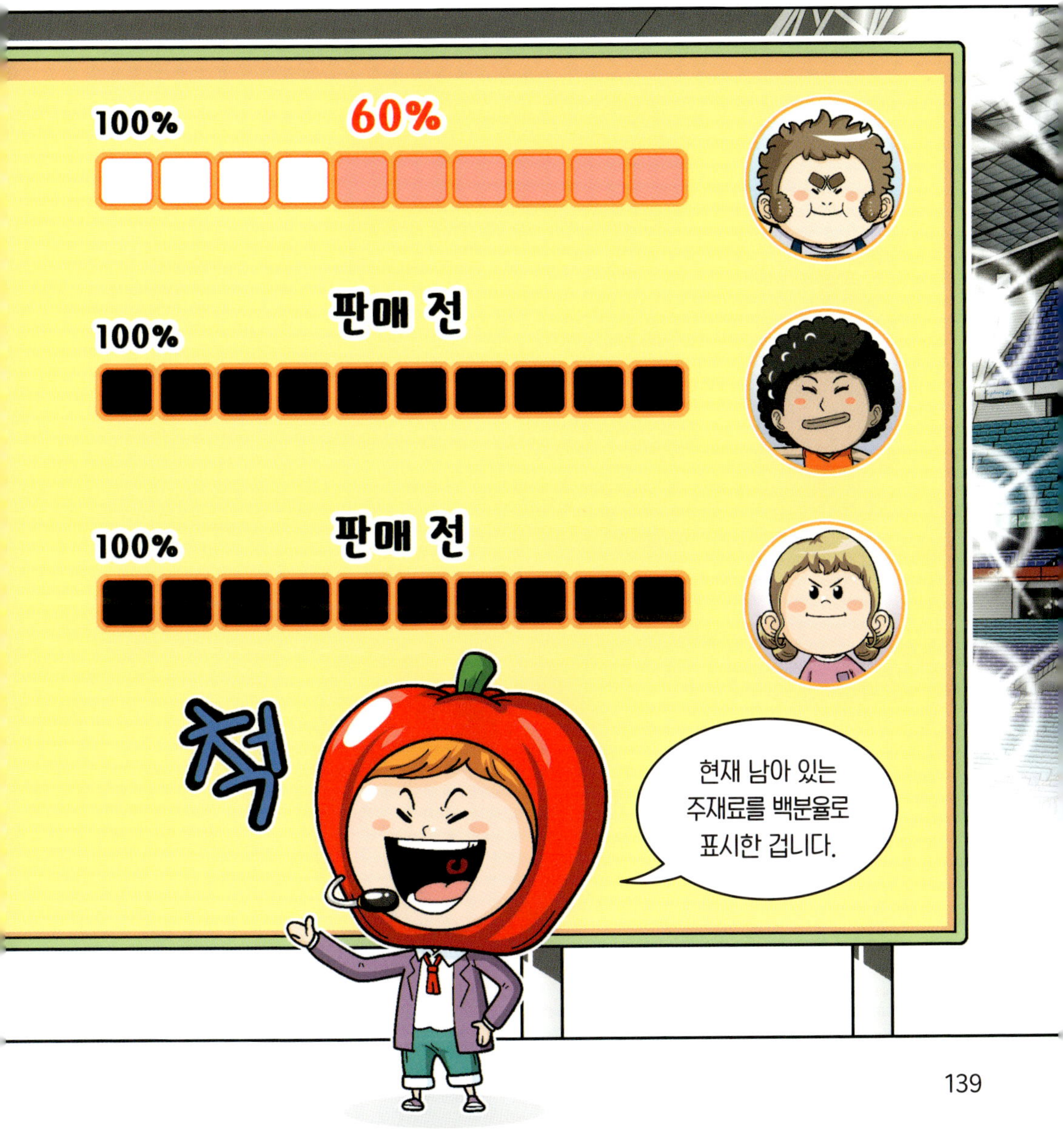

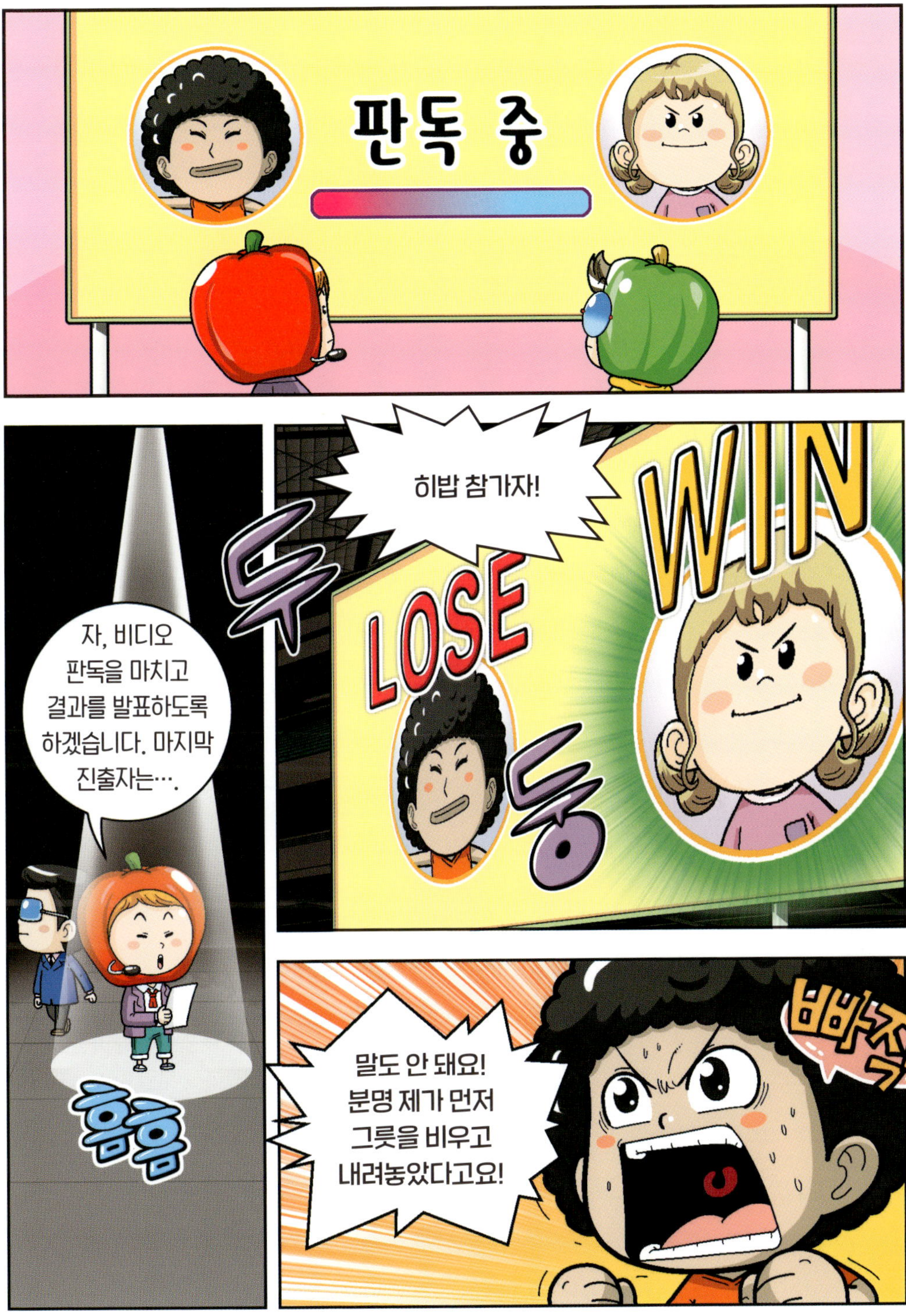

 아시아 음식

2024년 4월 20일 1판 1쇄 발행

원작 | 히밥
글 | 윤상석   그림 | 윤재홍
감수 | 라이스 컴퍼니

펴낸이 | 나성훈
펴낸곳 | (주)예림당   등록 | 제2013-000041호
주소 | 서울시 성동구 아차산로 153   홈페이지 | www.yearim.kr
구매 문의 전화 | 561-9007   팩스 | 562-9007
책 내용 문의 전화 | 3404-9271
ISBN 978-89-302-8401-1 74900
      978-89-302-8400-4 (세트)

기획·편집 | 민홍기 / 남진솔
디자인 | 강임희
제작 | 신상덕 / 박경식
콘텐츠제휴 | 문하영   마케팅 | 임상호 전훈승

ⓒ히밥. All Rights Reserved.
ⓒRice Company. All Rights Reserved.

본 상품은 ㈜라이스 컴퍼니와의 정식 라이선스 계약으로 인해
㈜예림당에서 제작, 판매하므로 무단 복제 및 전재를 금합니다.

⚠주의 : 책을 던지거나 떨어뜨리면 다칠 우려가 있으니 주의하십시오.